The City That Sang: Bilingual Swedish-English Stories for Swedish Language Learners

Pomme Bilingual

Published by Pomme Bilingual, 2024.

THE CITY THAT SANG: BILINGUAL SWEDISH-ENGLISH STORIES FOR SWEDISH LANGUAGE LEARNERS

First edition. July 27, 2024.

Copyright © 2024 Pomme Bilingual.

ISBN: 979-8227876874

Written by Pomme Bilingual.

Table of Contents

Sofies Sista Sång

Sofie stod ensam på scenen. Publiken var stilla, andäktig. Hennes röst hade tystnat, och den sista tonen hängde kvar i luften som en osynlig viskning. Det var hennes avskedsföreställning, och hon kände en melankoli som hon inte kunde skaka av sig.

Hon mindes sin första uppträdande i denna operasal. Nervositeten, förväntan, applåderna. Det kändes som en evighet sedan. Då var hon ung och full av hopp. Nu var hennes röst lika klar som då, men hennes hjärta tyngdes av årens gång.

Efter föreställningen gick Sofie tillbaka till sin loge. Rummet var enkelt, med en spegel och några stolar. Hon satte sig framför spegeln och såg på sitt eget ansikte. Tidens spår syntes tydligt, men det var inte det som störde henne mest. Det var tomheten i hennes blick, en tomhet som ingen publik kunde fylla.

Plötsligt knackade det på dörren. Det var Marc, hennes pianist och trogna vän. Han hade varit med henne genom hela karriären, alltid vid hennes sida, alltid med sitt lugn.

"Det var vackert, Sofie," sade han med en mild röst.

"Var det verkligen?" svarade hon utan att vända blicken från spegeln. "Jag känner mig så trött, Marc. Så väldigt trött."

Han satte sig bredvid henne, lade en hand på hennes axel. "Du har gett så mycket. Kanske är det dags att ge något till dig själv."

Hon nickade, men tystnaden låg kvar mellan dem som en tung filt. Efter en stund reste hon sig, tog sin kappa och gick ut i den kalla natten. Marc följde henne inte; han visste att hon behövde vara ensam.

Sofie vandrade genom stadens gator, förlorad i tankar. Hon kom till bron där hon och Marc brukade promenera efter kvällens föreställningar. Hon stannade vid räcket och såg ner i det mörka vattnet. Livet hade alltid varit en serie av uppträdanden, men nu kände hon att ridån hade fallit för sista gången.

Hon tog ett djupt andetag, slöt ögonen och lyssnade till stadens brus. I denna stund fann hon en frid hon inte känt på länge. Hon tänkte på alla dem som inspirerats av hennes sång, alla dem som hon rört med sin musik. Kanske hade hon ändå gjort något viktigt.

När hon öppnade ögonen såg hon Marc stå där bredvid henne. Han hade följt efter henne trots allt. Utan att säga ett ord lade han sin arm om hennes axlar. Tillsammans stod de där, tysta, medan natten omslöt dem.

Sofie visste att detta var slutet på en era, men också början på något nytt. Hon kände sig inte längre ensam, och för första gången på länge såg hon fram emot morgondagen. Med Marc vid sin sida skulle hon hitta en ny melodi i livet, en som var hennes egen.

Sofie's Final Song

Sofie stood alone on the stage. The audience was silent, reverent. Her voice had fallen silent, and the last note lingered in the air like an invisible whisper. It was her farewell performance, and she felt a melancholy she couldn't shake off.

She remembered her first performance in this opera house. The nervousness, the anticipation, the applause. It felt like an eternity ago. Then she was young and full of hope. Now her voice was as clear as then, but her heart was weighed down by the passage of years.

After the performance, Sofie went back to her dressing room. The room was simple, with a mirror and a few chairs. She sat in front of the mirror and looked at her own face. The traces of time were clearly visible, but that wasn't what bothered her the most. It was the emptiness in her eyes, an emptiness no audience could fill.

Suddenly, there was a knock on the door. It was Marc, her pianist and faithful friend. He had been with her throughout her career, always by her side, always with his calm.

"It was beautiful, Sofie," he said in a gentle voice.

"Was it really?" she replied without taking her eyes off the mirror. "I feel so tired, Marc. So very tired."

He sat down beside her, put a hand on her shoulder. "You have given so much. Maybe it's time to give something to yourself."

She nodded, but the silence remained between them like a heavy blanket. After a while, she got up, took her coat, and went out into the cold night. Marc didn't follow her; he knew she needed to be alone.

Sofie wandered through the city's streets, lost in thought. She came to the bridge where she and Marc used to walk after the evening performances. She stopped at the railing and looked down into the dark water. Life had always been a series of performances, but now she felt that the curtain had fallen for the last time.

She took a deep breath, closed her eyes, and listened to the city's hum. In this moment, she found a peace she hadn't felt in a long time. She thought of all those who had been inspired by her singing, all those she had touched with her music. Perhaps she had done something important after all.

When she opened her eyes, she saw Marc standing beside her. He had followed her after all. Without a word, he put his arm around her shoulders. Together they stood there, silent, as the night enveloped them.

Sofie knew this was the end of an era, but also the beginning of something new. She no longer felt alone, and for the first time in a long time, she looked forward to tomorrow. With Marc by her side, she would find a new melody in life, one that was her own.

Ebba och Staden som Sjöng

E bba vaknade tidigt den morgonen. Solens första strålar smög sig genom gardinen och lade sig försiktigt över det gamla trägolvet. Hon satte sig upp i sängen och sträckte på sig, kände hur varje muskel långsamt vaknade till liv. Det var en lördag, men det betydde ingenting längre. Varje dag var densamma nu.

Hon hade bott i samma lägenhet i Gamla stan i över tjugo år. De smala gränderna, de kullerstensbelagda gatorna och den tysta närvaron av historien runt varje hörn hade en gång varit en källa till inspiration. Nu var de bara en del av en vardag som hon försökte finna mening i.

Ebba var författare, eller hade åtminstone varit det. Hennes senaste bok hade publicerats för fem år sedan, och sedan dess hade orden svikit henne. Hon tillbringade sina dagar med att vandra genom staden, leta efter något som kunde väcka hennes kreativitet till liv igen. Men varje promenad slutade alltid på samma sätt: vid vattnet, där hon stirrade ut över Mälaren, förlorad i tankar.

Denna morgon var inget undantag. Efter en snabb frukost och en kopp svart kaffe tog hon på sig sin kappa och gick ut. Luften var frisk och kylig, och hon drog kappan tätare om sig. Hennes steg ekade mot de tomma gatorna när hon vandrade mot sitt vanliga mål.

När hon kom fram till kajen stannade hon och lutade sig mot räcket. Vattnet glittrade i morgonsolen, och båtarna låg tyst och väntade på dagens första resenärer. Hon kunde höra stadens avlägsna brus bakom sig, men här var det alltid stilla. Det var hennes tillflyktsort, en plats där hon kunde tänka utan avbrott.

Medan hon stod där, uppslukad av sina egna tankar, hörde hon plötsligt en mjuk melodi. Hon vände sig om och såg en ung man som satt på en bänk några meter bort, spelande på en gammal gitarr. Hans ögon var slutna, och han verkade helt förlorad i sin musik. Tonerna fyllde luften runt dem, och Ebba kände hur något inom henne rörde sig.

Hon gick långsamt fram till honom, osäker på om hon skulle störa. Men han öppnade ögonen och log när han såg henne. "God morgon," sade han med en vänlig röst.

"God morgon," svarade hon. "Din musik är vacker."

"Tack," sade han och lade ner gitarren i sitt knä. "Jag brukar komma hit och spela på morgonen. Det hjälper mig att tänka."

Ebba nickade och satte sig bredvid honom. "Jag är författare," sade hon efter en stunds tystnad. "Eller, jag brukade vara det."

"Vad hände?" frågade han, nyfiken.

"Orden bara... försvann," svarade hon. "Jag vet inte hur jag ska få dem tillbaka."

Han tittade på henne en stund, som om han vägde sina ord noga. "Kanske behöver du bara lyssna på något annat ett tag," sade han. "Musiken kan säga mycket som orden inte kan."

De satt där i tystnad en stund, lyssnande till stadens ljud och gitarrens mjuka toner. Ebba kände hur en tyngd långsamt lyfte från hennes axlar. Kanske hade han rätt. Kanske var det inte orden hon behövde just nu, utan något annat.

"Jag heter Ebba," sade hon till slut.

"Jag är Leo," svarade han med ett leende. "Trevligt att träffas, Ebba."

Från den dagen träffades de varje morgon vid vattnet. Leo spelade sin gitarr, och Ebba lyssnade. Hon började känna hur hennes tankar klarnade, hur nya idéer började ta form. Hon skrev inte ännu, men hon kände att orden snart skulle komma tillbaka.

En morgon, flera veckor senare, tog hon med sig en anteckningsbok och en penna. När Leo började spela, började hon skriva. Först långsamt och tveksamt, men sedan allt snabbare. Orden flödade, och hon kände hur en ny berättelse tog form. Det var som om staden sjöng för henne genom Leos musik, som om varje ton viskade nya möjligheter i hennes öra.

Leo märkte hennes förändring och log uppmuntrande. Han sade ingenting, men hans närvaro gav henne styrka. De delade en tyst förståelse, en gemensam kärlek till konsten som förenade dem.

Dagarna blev till veckor, veckorna till månader. Ebba skrev och Leo spelade, och deras vänskap växte. Ebba fann återigen glädjen i att skapa, och hennes nya bok började ta form. Hon kände sig levande igen, som om hon hade återfunnit en del av sig själv som varit förlorad så länge.

En dag, när hon och Leo satt vid vattnet, lade hon ner sin penna och såg på honom. "Tack," sade hon. "För allt."

Han log och nickade. "Det är vad vänner är till för," svarade han.

När solen gick ner över Stockholm den kvällen, visste Ebba att hon hade hittat något viktigt. Inte bara orden, utan också en ny mening i sitt liv. Hon visste att det skulle finnas fler utmaningar, men med Leo vid sin sida kände hon sig redo att möta dem.

Staden sjöng fortfarande, och Ebba sjöng med den.

Ebba and the City that Sang

Ebba woke up early that morning. The first rays of the sun sneaked through the curtain and gently lay over the old wooden floor. She sat up in bed and stretched, feeling every muscle slowly come to life. It was a Saturday, but that no longer meant anything. Every day was the same now.

She had lived in the same apartment in Gamla Stan for over twenty years. The narrow alleys, cobblestone streets, and the silent presence of history around every corner had once been a source of inspiration. Now they were just part of a daily life she tried to find meaning in.

Ebba was a writer, or at least she had been. Her last book had been published five years ago, and since then, words had failed her. She spent her days wandering through the city, searching for something that could awaken her creativity again. But every walk always ended the same way: by the water, where she stared out over Lake Mälaren, lost in thought.

This morning was no exception. After a quick breakfast and a cup of black coffee, she put on her coat and went out. The air was fresh and chilly, and she pulled the coat tighter around herself. Her steps echoed against the empty streets as she walked toward her usual destination.

When she arrived at the quay, she stopped and leaned against the railing. The water sparkled in the morning sun, and the boats lay silent, waiting for the day's first passengers. She could hear the distant hum of the city behind her, but here it was always quiet. It was her sanctuary, a place where she could think without interruption.

As she stood there, absorbed in her own thoughts, she suddenly heard a soft melody. She turned around and saw a young man sitting on a bench a few meters away, playing an old guitar. His eyes were closed, and he seemed completely lost in his music. The notes filled the air around them, and Ebba felt something move inside her.

She walked slowly over to him, unsure if she should disturb him. But he opened his eyes and smiled when he saw her. "Good morning," he said in a friendly voice.

"Good morning," she replied. "Your music is beautiful."

"Thank you," he said, putting the guitar down on his lap. "I usually come here and play in the mornings. It helps me think."

Ebba nodded and sat down next to him. "I'm a writer," she said after a moment of silence. "Or, I used to be."

"What happened?" he asked, curious.

"The words just... disappeared," she replied. "I don't know how to get them back."

He looked at her for a moment, as if weighing his words carefully. "Maybe you just need to listen to something else for a while," he said. "Music can say a lot that words can't."

They sat there in silence for a while, listening to the sounds of the city and the soft notes of the guitar. Ebba felt a weight slowly lift from her shoulders. Maybe he was right. Maybe it wasn't words she needed right now, but something else.

"My name is Ebba," she said finally.

"I'm Leo," he replied with a smile. "Nice to meet you, Ebba."

From that day on, they met every morning by the water. Leo played his guitar, and Ebba listened. She began to feel her thoughts clearing, new ideas starting to take shape. She didn't write yet, but she felt that the words would come back soon.

One morning, several weeks later, she brought a notebook and a pen. When Leo started playing, she began to write. At first slowly and hesit

antly, but then faster and faster. The words flowed, and she felt a new story taking shape. It was as if the city sang to her through Leo's music, as if every note whispered new possibilities in her ear.

Leo noticed her change and smiled encouragingly. He said nothing, but his presence gave her strength. They shared a silent understanding, a mutual love for the arts that united them.

Days turned into weeks, weeks into months. Ebba wrote and Leo played, and their friendship grew. Ebba once again found joy in creating, and her new book began to take shape. She felt alive again, as if she had found a part of herself that had been lost for so long.

One day, as she and Leo sat by the water, she put down her pen and looked at him. "Thank you," she said. "For everything."

He smiled and nodded. "That's what friends are for," he replied.

As the sun set over Stockholm that evening, Ebba knew she had found something important. Not just the words, but also a new meaning in her life. She knew there would be more challenges, but with Leo by her side, she felt ready to face them.

The city still sang, and Ebba sang with it.

Orkidéns Tysta Sång

Det var en kall vintermorgon när Viktor första gången såg orkidén i blomsterbutiken på hörnet. Butikens fönster var täckta av frost, men genom en liten klar fläck kunde han skymta de sköra, vita blommorna som verkade sväva i luften. Han visste inte varför, men något med orkidén fångade hans uppmärksamhet och väckte en längtan han inte känt på länge.

Viktor var en ensam man. Hans liv hade varit fyllt av rutiner och tystnad sedan hans fru, Anna, gått bort fem år tidigare. De hade haft ett lyckligt äktenskap, men hennes bortgång hade lämnat ett tomrum i hans hjärta som inget kunde fylla. Han tillbringade sina dagar med att promenera genom stadens gator, besöka kaféer där de brukade sitta tillsammans, och på kvällarna satt han i sitt lilla kök med en kopp te, försjunken i minnen.

När han den morgonen steg in i blomsterbutiken, var det som om något nytt väcktes inom honom. Butiken var fylld med doften av färska blommor, och den unga expediten log vänligt mot honom. "Kan jag hjälpa dig med något?" frågade hon.

Viktor pekade mot orkidén. "Den där," sade han. "Jag skulle vilja köpa den."

Hon log och plockade försiktigt ner orkidén från hyllan. "Det är en Phalaenopsis," sade hon. "De är ganska lättskötta. Se bara till att den får tillräckligt med ljus och vatten, men inte för mycket."

Han betalade och gick hem med den ömtåliga blomman i en påse. När han kom hem, placerade han den på fönsterbrädan i sitt vardagsrum, där den fick rikligt med ljus. Varje dag tog han hand om den, vattnade den sparsamt och såg till att bladen var rena. Han började märka att hans tankar ofta kretsade kring orkidén, och han fann en sorts frid i att sköta om den.

Dagarna gick och vintern förvandlades långsamt till vår. Viktor började tillbringa mer tid utomhus, men varje gång han kom hem, hälsade han orkidén med ett leende. Blommorna var fortfarande lika vackra, och han började förstå att det fanns en skönhet i att se något växa och blomstra.

En dag, när han satt och läste vid sitt fönster, knackade det på dörren. Det var hans granne, Lena, en äldre kvinna som han bara utbytt artighetsfraser med tidigare. "Hej, Viktor," sade hon. "Jag ville bara se hur du mår. Det var länge sedan vi pratade."

Han bjöd in henne på en kopp te, och de satt i vardagsrummet och pratade om allt möjligt. Hon märkte orkidén och log. "Den är vacker," sade hon. "Har du haft den länge?"

"Sedan i vintras," svarade han. "Den har hjälpt mig mycket."

De fortsatte prata, och Viktor kände hur en ny vänskap började ta form. Han insåg att orkidén inte bara hade gett honom något att ta hand om, utan också öppnat dörren till nya möjligheter. Han började träffa Lena oftare, och de tog promenader tillsammans, pratade om sina liv och delade minnen.

Våren övergick till sommar, och Viktor märkte att orkidén började få nya knoppar. Han kände en förväntan och glädje som han inte upplevt på länge. Varje dag kontrollerade han noggrant blommans utveckling, och en morgon slog de första knopparna ut. De nya blommorna var lika sköra och vackra som de första, och han kände en djup tillfredsställelse i att se dem blomstra.

Lena var ofta hos honom nu, och de delade många stunder av skratt och samtal. Hon hade också tagit med sig några av sina egna växter, och de hjälptes åt att sköta om dem. Viktors hem började fyllas med liv och färg, och han kände hur hans hjärta långsamt läkte.

En kväll, när solen gick ner och de satt på balkongen med varsin kopp te, sade Lena plötsligt: "Viktor, jag är glad att vi har blivit vänner. Det känns som om du har hjälpt mig att hitta en ny mening i mitt liv."

Han log och tog hennes hand. "Och du har hjälpt mig mer än du kan ana," svarade han. "Jag trodde inte att jag skulle kunna känna så här igen."

De satt där i tystnad en stund, njutande av den stilla kvällen och det svaga suset från stadens liv. Orkidén stod i fönstret bakom dem, och Viktor kände en djup tacksamhet för den lilla blomman som hade fört så mycket förändring in i hans liv.

Vintern kom igen, men denna gång kändes den inte lika kall och ensam. Viktor och Lena fortsatte att ta hand om sina växter, och orkidén fortsatte att blomstra. Livet hade fått en ny rytm, och Viktor kände sig tacksam för varje dag han fick dela med sin nya vän.

Orkidén stod som en påminnelse om hur något skört och vackert kunde väcka liv och hopp igen. Den hade sjungit en tyst sång för honom, en sång om förnyelse och vänskap, och han visste att han aldrig skulle glömma det.

The Silent Song of the Orchid

It was a cold winter morning when Viktor first saw the orchid in the flower shop on the corner. The shop's windows were covered in frost, but through a small clear spot, he could glimpse the delicate white flowers that seemed to float in the air. He didn't know why, but something about the orchid caught his attention and stirred a longing he hadn't felt in a long time.

Viktor was a lonely man. His life had been filled with routines and silence since his wife, Anna, had passed away five years earlier. They had had a happy marriage, but her death had left a void in his heart that nothing could fill. He spent his days walking through the city's streets, visiting cafes where they used to sit together, and in the evenings, he sat in his small kitchen with a cup of tea, lost in memories.

When he stepped into the flower shop that morning, it was as if something new awakened within him. The shop was filled with the scent of fresh flowers, and the young shop assistant smiled kindly at him. "Can I help you with something?" she asked.

Viktor pointed to the orchid. "That one," he said. "I would like to buy it."

She smiled and carefully took the orchid down from the shelf. "It's a Phalaenopsis," she said. "They're quite easy to care for. Just make sure it gets enough light and water, but not too much."

He paid and went home with the fragile flower in a bag. When he got home, he placed it on the windowsill in his living room, where it received plenty of light. Every day he took care of it, watering it sparingly and making sure the leaves were clean. He began to notice that his thoughts often revolved around the orchid, and he found a sort of peace in caring for it.

The days passed and winter slowly turned into spring. Viktor started spending more time outdoors, but every time he came home, he greeted the orchid with a smile. The flowers were still as beautiful, and he began to understand that there was a beauty in seeing something grow and flourish.

One day, as he sat reading by his window, there was a knock on the door. It was his neighbor, Lena, an older woman with whom he had only exchanged pleasantries before. "Hello, Viktor," she said. "I just wanted to see how you're doing. It's been a while since we talked."

He invited her in for a cup of tea, and they sat in the living room, talking about all sorts of things. She noticed the orchid and smiled. "It's beautiful," she said. "Have you had it long?"

"Since winter," he replied. "It's helped me a lot."

They continued talking, and Viktor felt a new friendship beginning to form. He realized that the orchid had not only given him something to care for but had also opened the door to new possibilities. He started seeing Lena more often, and they took walks together, talked about their lives, and shared memories.

Spring turned into summer, and Viktor noticed the orchid beginning to bud again. He felt an anticipation and joy he hadn't experienced in a long time. Every day he carefully checked the plant's progress, and one morning, the first buds opened. The new flowers were as delicate and beautiful as the first, and he felt a deep satisfaction in seeing them bloom.

Lena was often at his place now, and they shared many moments of laughter and conversation. She had also brought some of her own plants, and they helped each other care for them. Viktor's home began to fill with life and color, and he felt his heart slowly healing.

One evening, as the sun set and they sat on the balcony with cups of tea, Lena suddenly said, "Viktor, I'm glad we've become friends. It feels like you've helped me find new meaning in my life."

He smiled and took her hand. "And you have helped me more than you can imagine," he replied. "I didn't think I could feel this way again."

They sat in silence for a while, enjoying the quiet evening and the faint hum of the city's life. The orchid stood in the window behind them, and Viktor felt a deep gratitude for the little flower that had brought so much change into his life.

Winter came again, but this time it didn't feel as cold and lonely. Viktor and Lena continued to care for their plants, and the orchid continued to flourish. Life had found a new rhythm, and Viktor was grateful for every day he got to share with his new friend.

The orchid stood as a reminder of how something delicate and beautiful could bring life and hope again. It had sung a silent song for him, a song of renewal and friendship, and he knew he would never forget it.

Kaffets Bitterljuva Doft

Erik satt vid det lilla kaféet på hörnet av Drottninggatan och såg ut genom fönstret. Det var tidig morgon och staden vaknade långsamt till liv. Människor skyndade förbi på väg till sina arbeten, men Erik hade ingen brådska. Framför honom på bordet stod en ångande kopp svart kaffe, och han njöt av doften som steg upp från den. Det var något tröstande och bekant med kaffets bitterljuva doft, en påminnelse om de dagar som gått.

Kaféet var nästan tomt, bara några få stamgäster som satt utspridda vid de andra borden. Det var ett gammalt kafé, med slitna träbord och stolar, och väggarna var prydda med svartvita fotografier av Stockholm från förr i tiden. Erik hade kommit hit regelbundet de senaste åren, alltid på morgonen, alltid till samma bord. Det var hans lilla tillflyktsort från en värld som verkade ha gått förlorad.

Han hade varit en journalist en gång i tiden, med en karriär som hade tagit honom till platser han aldrig hade kunnat föreställa sig. Men nu, vid 65 års ålder, var han pensionerad och ensam. Hans fru, Maria, hade gått bort för tre år sedan, och sedan dess hade dagarna flutit samman i en monoton ström av rutiner och minnen.

Det var en speciell morgon. Idag skulle han träffa någon som han inte hade sett på många år. Erik tog en klunk av sitt kaffe och kände den välbekanta smaken fylla hans mun. Det var bittert men också tröstande, precis som livet själv. Han tänkte på de tider han och Maria hade suttit här tillsammans, hur de hade delat så många skratt och samtal över just sådana koppar kaffe.

Dörrklockan ringde och Erik lyfte blicken. Där stod hon, Helena, hans gamla kollega och vän. De hade arbetat tillsammans på tidningen under många år, och även om de hade tappat kontakten efter att hon flyttat till Paris, hade de alltid haft en speciell plats i varandras hjärtan. Hon såg nästan likadan ut som han mindes henne, bara några fler rynkor och gråa hår.

"Erik!" utbrast hon med ett leende när hon såg honom. "Det var alldeles för länge sedan."

"Helena," sade han och reste sig upp för att ge henne en kram. "Verkligen, det har gått alldeles för lång tid."

De satte sig ner vid bordet och beställde varsin kopp kaffe. Helena berättade om sitt liv i Paris, om sina resor och äventyr, och Erik lyssnade intresserat. Han berättade om sitt liv sedan pensionen, om sina promenader genom staden och hur han försökte fylla tomrummet efter Maria.

"Jag har alltid undrat varför vi tappade kontakten," sade Helena plötsligt och tittade på honom med en allvarlig blick. "Vi var så nära, och sedan bara... försvann vi ur varandras liv."

Erik suckade och tog en klunk av sitt kaffe. "Livet hände," svarade han. "Vi blev upptagna med våra egna saker, och tiden bara gick."

"Men vi är här nu," sade Helena och log. "Det är aldrig för sent att återuppta en vänskap."

De satt där och pratade i timmar, och det kändes som om ingen tid alls hade gått sedan de sist sågs. Erik kände en värme sprida sig inom honom, en känsla av att något förlorat höll på att återvända. Helena hade alltid haft en förmåga att få honom att känna sig levande, och nu när hon satt där mittemot honom, insåg han hur mycket han hade saknat hennes sällskap.

När solen började stiga högre på himlen och kaféet började fyllas med folk, kände Erik att det var dags att gå vidare. Men denna gång skulle han inte låta tiden och avståndet separera dem igen. De utbytte telefonnummer och lovade att träffas snart igen, kanske till och med ta en resa tillsammans någonstans.

Helena reste sig upp och gav honom en sista kram. "Det var underbart att se dig igen, Erik. Vi ses snart."

"Det var det verkligen," svarade han. "Vi ses snart."

Erik satt kvar en stund efter att Helena gått, och han kände sig lättare än han gjort på länge. Han tog en sista klunk av sitt nu kalla kaffe och log. Livet var inte över än, och det fanns fortfarande tid för nya minnen, nya äventyr. Kaffets bitterljuva doft påminde honom om att även om tiden hade gått, fanns det alltid möjligheter att återupptäcka det som en gång varit viktigt.

Han reste sig upp och lämnade kaféet med en känsla av hopp. Staden brusade runt honom, och för första gången på länge kände han att han var en del av den igen. Erik visste att han aldrig skulle glömma denna morgon och att varje kopp kaffe han drack framöver skulle bära med sig minnet av denna dag, av återförening och förnyelse.

The Bittersweet Scent of Coffee

Erik sat at the small café on the corner of Drottninggatan, looking out the window. It was early morning, and the city was slowly waking up. People hurried past on their way to work, but Erik was in no rush. In front of him on the table was a steaming cup of black coffee, and he enjoyed the aroma rising from it. There was something comforting and familiar about the bittersweet scent of coffee, a reminder of days gone by.

The café was almost empty, just a few regulars scattered at the other tables. It was an old café, with worn wooden tables and chairs, and the walls were adorned with black-and-white photographs of Stockholm from bygone days. Erik had been coming here regularly for the past few years, always in the morning, always at the same table. It was his little refuge from a world that seemed to have been lost.

He had once been a journalist, with a career that had taken him to places he could never have imagined. But now, at 65 years old, he was retired and alone. His wife, Maria, had passed away three years ago, and since then, the days had blended into a monotonous stream of routines and memories.

Today was a special morning. He was going to meet someone he hadn't seen in many years. Erik took a sip of his coffee, feeling the familiar taste fill his mouth. It was bitter but also comforting, just like life itself. He thought about the times he and Maria had sat here together, how they had shared so many laughs and conversations over cups of coffee just like this.

The doorbell rang, and Erik looked up. There she was, Helena, his old colleague and friend. They had worked together at the newspaper for many years, and even though they had lost touch after she moved to Paris, they had always held a special place in each other's hearts. She looked almost the same as he remembered her, just a few more wrinkles and gray hairs.

"Erik!" she exclaimed with a smile when she saw him. "It's been far too long."

"Helena," he said, standing up to give her a hug. "Indeed, it has been far too long."

They sat down at the table and ordered cups of coffee. Helena talked about her life in Paris, about her travels and adventures, and Erik listened intently. He told her about his life since retirement, about his walks through the city and how he tried to fill the void left by Maria.

"I always wondered why we lost touch," Helena said suddenly, looking at him with a serious expression. "We were so close, and then we just... disappeared from each other's lives."

Erik sighed and took a sip of his coffee. "Life happened," he replied. "We got busy with our own things, and time just went by."

"But we're here now," Helena said with a smile. "It's never too late to rekindle a friendship."

They sat there talking for hours, and it felt as if no time had passed since they last saw each other. Erik felt a warmth spreading within him, a feeling that something lost was beginning to return. Helena had always had a way of making him feel alive, and now, as she sat across from him, he realized how much he had missed her company.

As the sun climbed higher in the sky and the café began to fill with people, Erik felt it was time to move on. But this time, he would not let time and distance separate them again. They exchanged phone numbers and promised to meet again soon, perhaps even take a trip together somewhere.

Helena stood up and gave him one last hug. "It was wonderful to see you again, Erik. We'll see each other soon."

"It really was," he replied. "We'll see each other soon."

Erik sat for a while longer after Helena left, feeling lighter than he had in a long time. He took one last sip of his now cold coffee and smiled. Life was not over yet, and there was still time for new memories, new adventures. The bittersweet scent of coffee reminded him that although time had passed, there were always opportunities to rediscover what had once been important.

He stood up and left the café with a sense of hope. The city buzzed around him, and for the first time in a long while, he felt like he was a part of it again. Erik knew he would never forget this morning and that every cup of coffee he drank in the future would carry the memory of this day, of reunion and renewal.

Maja och Pianots Tystnad

Maja satt i sitt lilla vardagsrum och såg ut över den tysta Stockholmsgatan. Solen höll på att gå ner och kastade ett gyllene sken över rummet. I hörnet stod hennes gamla piano, ett arv från hennes mor, som hon vårdade med stor omsorg. Maja var 55 år gammal och hade varit pianolärare i över tre decennier. Hon hade lärt generationer av barn att spela, men nu var eleverna färre och hennes dagar längre.

Hon strök en hand över de gula notbladen som låg på pianots ställ. Där fanns minnen från alla de stunder hon suttit här och spelat, både ensam och med sina elever. En särskild elev dök upp i hennes tankar – Johan. Han hade varit hennes mest begåvade och passionerade elev, men han hade försvunnit ur hennes liv lika plötsligt som han kommit in i det.

Maja mindes dagen då Johan hade knackat på hennes dörr. Han var tio år gammal, med rufsigt hår och en blick som tycktes se rakt igenom henne. "Jag vill lära mig spela piano," hade han sagt utan omsvep. Hans hängivenhet och talang hade imponerat på henne, och under flera år hade de arbetat nära tillsammans. Men en dag, strax före hans sextonårsdag, hade han slutat komma till sina lektioner. Inga förklaringar, inget avsked.

Åren hade gått, men Maja kunde inte glömma Johan. Hon undrade ofta vad som hade hänt med honom, om han fortfarande spelade. Kanske hade han blivit en stor pianist, kanske hade han lämnat musiken helt och hållet. Maja kunde bara gissa.

En kväll när Maja satt vid sitt piano och spelade en av Chopins nocturner, knackade det plötsligt på dörren. Hon ryckte till – det var sent och hon väntade inte besök. Hon öppnade dörren och där stod Johan, nu en vuxen man. Hans ansikte var äldre, men hans ögon var desamma.

"Maja," sade han mjukt. "Jag vet inte om du minns mig."

"Johan," svarade hon, och hennes röst darrade. "Självklart minns jag dig. Var har du varit?"

Han såg ner på sina fötter. "Jag gick igenom mycket. Det var svårt att förklara då, och det är svårt att förklara nu. Men jag ville komma tillbaka och tacka dig. För allt."

Maja släppte in honom och de satte sig i vardagsrummet. Johan berättade om sina år av kamp, hur han hade förlorat sin väg men slutligen hittat tillbaka till musiken. "Jag hade inte klarat det utan dina lektioner," sade han. "Du gav mig mer än bara musiken. Du gav mig styrka och hopp."

De pratade länge, och Maja kände hur en tyngd lyftes från hennes axlar. Johan bad om att få spela något på pianot, och när hans fingrar rörde vid tangenterna fylldes rummet av musik. Det var som om tiden stått stilla – hans spel var lika fyllt av passion och precision som hon mindes det.

När natten närmade sig sitt slut, ställde sig Johan upp och tackade Maja igen. "Jag måste gå nu, men jag ville att du skulle veta att du alltid har varit en del av min musik, en del av mig."

Maja log genom tårarna. "Tack, Johan. Du har ingen aning om vad detta betyder för mig."

Han gick ut i natten, och Maja stod kvar vid dörren och såg efter honom tills han försvann ur sikte. Hon gick tillbaka till sitt piano och satte sig ner. För första gången på länge kände hon en känsla av avslutning och frid.

Maja spelade igenom natten, varje tangent en påminnelse om allt hon hade lärt och lärt sig. Pianots tystnad hade brutits, och med den kom en ny början. Hennes liv, hennes musik, hade återigen fått en mening.

Maja and the Silence of the Piano

Maja sat in her small living room, gazing out over the silent street in Stockholm. The sun was setting, casting a golden glow over the room. In the corner stood her old piano, an inheritance from her mother, which she cared for meticulously. Maja was 55 years old and had been a piano teacher for over three decades. She had taught generations of children to play, but now the students were fewer and her days longer.

She ran a hand over the yellowed sheet music lying on the piano stand. There were memories of all the times she had sat here playing, both alone and with her students. One particular student came to mind – Johan. He had been her most talented and passionate student, but he had disappeared from her life as suddenly as he had entered it.

Maja remembered the day Johan had knocked on her door. He was ten years old, with tousled hair and eyes that seemed to see right through her. "I want to learn to play the piano," he had said without preamble. His dedication and talent had impressed her, and for several years they had worked closely together. But one day, shortly before his sixteenth birthday, he had stopped coming to his lessons. No explanations, no goodbyes.

Years had passed, but Maja could not forget Johan. She often wondered what had happened to him, whether he still played. Maybe he had become a great pianist, or perhaps he had left music altogether. Maja could only guess.

One evening, as Maja sat at her piano playing one of Chopin's nocturnes, there was a sudden knock on the door. She jumped – it was late, and she wasn't expecting visitors. She opened the door, and there stood Johan, now a grown man. His face was older, but his eyes were the same.

"Maja," he said softly. "I don't know if you remember me."

"Johan," she replied, her voice trembling. "Of course, I remember you. Where have you been?"

He looked down at his feet. "I went through a lot. It was hard to explain then, and it's hard to explain now. But I wanted to come back and thank you. For everything."

Maja let him in, and they sat in the living room. Johan told her about his years of struggle, how he had lost his way but had finally found his way back to music. "I wouldn't have made it without your lessons," he said. "You gave me more than just music. You gave me strength and hope."

They talked for a long time, and Maja felt a weight lift from her shoulders. Johan asked if he could play something on the piano, and as his fingers touched the keys, the room filled with music. It was as if time had stood still – his playing was as full of passion and precision as she remembered.

As the night drew to a close, Johan stood up and thanked Maja again. "I have to go now, but I wanted you to know that you have always been a part of my music, a part of me."

Maja smiled through her tears. "Thank you, Johan. You have no idea what this means to me."

He walked out into the night, and Maja stood at the door watching him until he disappeared from sight. She went back to her piano and sat down. For the first time in a long while, she felt a sense of closure and peace.

Maja played through the night, each key a reminder of all she had taught and learned. The silence of the piano had been broken, and with it came a new beginning. Her life, her music, had once again found meaning.

Kattens Ensamma Väg i Malmö

Det var en grå morgon i Malmö när katten Sebastian vaknade på sin vanliga plats under den gamla ekens rötter i Pildammsparken. Han sträckte på sig långsamt, kände hur morgondaggens kyla smög sig in i pälsen och väckte hans sinnen. Staden började vakna till liv, men för Sebastian var varje dag densamma. Han var en vildkatt, en ensamvarg som vandrade Malmös gator på jakt efter mat och skydd.

Sebastian hade inte alltid varit ensam. Han mindes svagt tiden innan han blev övergiven, när han var en liten kattunge som lekte med sina syskon i ett varmt och tryggt hem. Men livet hade tagit en vändning, och nu var han här, en överlevare i en stad som ibland kändes lika kall som vinterns vindar.

Han tassade fram genom parken, hållandes sig till skuggorna för att undvika människornas blickar. Människor kunde vara vänliga, men de kunde också vara farliga. Det hade han lärt sig tidigt. Sebastian rörde sig försiktigt genom staden, från parkens grönska till de trånga gränderna i Gamla Väster. Han visste var han kunde hitta matrester och vilka ställen han skulle undvika för att inte hamna i trubbel.

När han kom fram till torget i närheten av Lilla Torg, märkte han en grupp människor som hade samlats kring något. Nyfikenheten fick honom att närma sig försiktigt. Där, mitt bland människorna, stod en gatumusikant och spelade på sin gitarr. Melodin var mjuk och melankolisk, och Sebastian satte sig ner en bit bort och lyssnade. Musiken påminde honom om något som han inte kunde sätta klorna på, något varmt och bekant.

Gatumusikanten, en man med rufsigt hår och slitna kläder, verkade inte ha märkt katten som satt och lyssnade. Men när han avslutade sin sång och blicken föll på Sebastian, log han ett varmt leende. "Hej där, lilla vän," sade han mjukt. "Är du här för att lyssna på musiken?"

Sebastian svarade inte, men hans ögon höll kvar blicken på mannen. Musikanten sträckte ut en hand med en bit bröd. "Kom, du behöver inte vara rädd. Här, ta lite mat."

Katten närmade sig försiktigt, alltid på vakt, men doften av brödet var för lockande för att ignorera. Han tog en tugga och kände hur magen fylldes med en välbehövlig värme. Musikanten satte sig ner bredvid honom och började spela igen, en långsam melodi som fick Sebastian att slappna av.

Dag efter dag återvände Sebastian till torget för att lyssna på musik och få en bit bröd. Han började känna igen människorna som kom och gick, och vissa av dem började också vänja sig vid att se den lilla svarta katten som alltid satt nära gatumusikanten. Det blev en sorts vänskap mellan katten och mannen, en tyst överenskommelse där båda fann tröst i den andres sällskap.

En kväll när solen var på väg ner över Malmö, och färgade himlen i rosa och orange, satt Sebastian och musikanten på sin vanliga plats. Mannen spelade en melodi som var sorgsen men ändå fylld med hopp. Han tittade på katten och sade, "Jag tror att vi båda har gått våra egna ensamma vägar, du och jag. Men ibland behöver man inte vara ensam för alltid."

Sebastian förstod inte orden, men han kände innebörden. Han hade funnit något han inte visste att han saknade – en vän. Han strök sig mot musikantens ben och spann tyst.

Malmö kändes plötsligt inte lika kallt längre. Staden med dess trånga gator och öppna torg hade blivit hans hem på ett nytt sätt. Kanske var han fortfarande en vildkatt, men han var inte längre ensam. Varje dag när han tassade genom stadens gator, visste han att det fanns en plats där han alltid var välkommen.

När vinterns första snö föll över Malmö, satt Sebastian och musikanten tillsammans på torget, och musiken fyllde luften med värme och gemenskap. Livet var fortfarande en kamp, men för första gången på länge kände Sebastian att han hade hittat sin plats i världen. Och det var allt som betydde något.

The Cat's Lonely Path in Malmö

It was a gray morning in Malmö when the cat Sebastian woke up in his usual spot under the roots of the old oak tree in Pildammsparken. He stretched slowly, feeling the morning dew's chill seep into his fur and awaken his senses. The city was beginning to come to life, but for Sebastian, every day was the same. He was a stray, a lone wanderer who roamed Malmö's streets in search of food and shelter.

Sebastian had not always been alone. He vaguely remembered the time before he was abandoned when he was a small kitten playing with his siblings in a warm and safe home. But life had taken a turn, and now he was here, a survivor in a city that sometimes felt as cold as the winter winds.

He padded through the park, sticking to the shadows to avoid the gaze of humans. People could be kind, but they could also be dangerous. He had learned that early. Sebastian moved cautiously through the city, from the park's greenery to the narrow alleys of Gamla Väster. He knew where to find scraps of food and which places to avoid to stay out of trouble.

When he reached the square near Lilla Torg, he noticed a group of people gathered around something. Curiosity got the better of him, and he approached cautiously. There, in the midst of the crowd, stood a street musician playing his guitar. The melody was soft and melancholic, and Sebastian sat down a bit away and listened. The music reminded him of something he couldn't quite put his claws on, something warm and familiar.

The street musician, a man with tousled hair and worn clothes, didn't seem to notice the cat listening. But when he finished his song and his eyes fell on Sebastian, he smiled warmly. "Hey there, little friend," he said softly. "Are you here to listen to the music?"

Sebastian didn't reply, but his eyes remained fixed on the man. The musician extended a hand with a piece of bread. "Come on, you don't need to be afraid. Here, have some food."

The cat approached cautiously, always on guard, but the smell of the bread was too enticing to ignore. He took a bite and felt his stomach fill with much-needed warmth. The musician sat down beside him and began to play again, a slow melody that made Sebastian relax.

Day after day, Sebastian returned to the square to listen to the music and get a piece of bread. He began to recognize the people who came and went, and some of them started to get used to seeing the little black cat always sitting near the street musician. It became a sort of friendship between the cat and the man, a silent agreement where both found comfort in each other's company.

One evening, as the sun was setting over Malmö and painting the sky in pink and orange, Sebastian and the musician sat in their usual spot. The man played a melody that was sad but filled with hope. He looked at the cat and said, "I think we both have walked our own lonely paths, you and I. But sometimes you don't have to be alone forever."

Sebastian didn't understand the words, but he felt the meaning. He had found something he didn't know he was missing – a friend. He rubbed against the musician's legs and purred quietly.

Malmö suddenly didn't feel as cold anymore. The city with its narrow streets and open squares had become his home in a new way. Maybe he was still a stray, but he was no longer alone. Every day as he padded through the city's streets, he knew there was a place where he was always welcome.

When the first snow of winter fell over Malmö, Sebastian and the musician sat together in the square, and the music filled the air with warmth and companionship. Life was still a struggle, but for the first time in a long while, Sebastian felt he had found his place in the world. And that was all that mattered.

Midsommarnattens Tystnad

Det var midsommarnatt i Sverige och världen verkade vara på gränsen till magi. Solen hade knappt börjat gå ner när Erik, en gammal man med grått hår och slitna kläder, promenerade genom en glittrande åker i Skåne. Han bar på en gammal, sliten korg som hade varit med honom genom många midsomrar. Han hade bott hela sitt liv i byn, men den här midsommaren skulle bli annorlunda.

Erik stannade vid en gammal ek som hade sett många årstider passera. Det var en plats han brukade besöka för att tänka, men idag var det något speciellt. Han mindes en midsommar från sin ungdom, när han och hans dåvarande käraste, Elin, hade dansat runt midsommarstången. Elin hade varit vacker som en blomma, och deras skratt hade fyllt luften med glädje. Men tiden hade gått, och nu var hon borta. Erik hade inte dansat sedan den natten. Han hade inte riktigt känt för att fira, för utan Elin var midsommar bara en påminnelse om det som hade varit.

Men i år kände han att något var annorlunda. Han hade känt en dragning till åkern, som om den kallade på honom. Det var något i det sätt på vilket ljuset reflekterade över blommorna och det mjuka suset från vinden som fick honom att känna att han inte kunde låta denna midsommar gå obemärkt förbi.

Erik satte sig ned under eken och började plocka blommor. Det var en gammal tradition han brukade göra med Elin, att skapa en krans av vilda blommor som de skulle lägga på midsommarstången. Nu var det bara han, och kransen skulle vara till minne av henne. Han plockade noggrant blommor och band dem samman med ett gammalt rep som han hade hittat i sitt uthus.

När kransen var färdig reste sig Erik och gick till byn. Det var en stilla natt, och det var något nästan magiskt i den tysta atmosfären. Han passerade gårdar som var dekorerade med blommor och ljus, och människor som dansade och sjöng kring midsommarstången. Men Erik fortsatte att gå, för han hade en annan plats i åtanke.

Vid åkerns kant, där stjärnorna började tändas på himlen, satte han sig ned igen och la kransen på marken. Han lade sig ned på den mjuka gräset och såg upp mot den stjärnklara himlen. Det var en plats som han och Elin hade älskat att besöka tillsammans, en plats där de kunde prata om allt och ingenting. Nu var det bara han och de tysta stjärnorna.

Erik kände en lätt bris svepa över åkern och påmindes om de stunder han hade delat med Elin. Det var som om hennes närvaro var där, i vinden och i ljuset från stjärnorna. Han hade aldrig trott att han skulle känna detta igen, men nu kände han en sorts frid som han inte hade känt på länge. Midsommarnattens tystnad var som en balsam för hans själ.

Plötsligt hörde han ett svagt ljud bakom sig. Han vände sig om och såg en ung kvinna som närmade sig, klädd i en enkel midsommarklänning. Hon bar en krans i håret och såg på honom med en vänlig blick.

"Jag såg dig från byn," sade hon. "Vad gör du här ensam på midsommarnatten?"

Erik reste sig och hälsade henne. "Jag ville bara minnas," svarade han. "Min Elin älskade att fira midsommar här. Jag tänkte att jag skulle hedra hennes minne."

Kvinnan nickade förstående och satte sig ned bredvid honom. "Jag förstår. Midsommar kan vara en tid för minnen, både glada och sorgliga."

De satt tysta en stund, lyssnande till nattens ljud och stjärnornas viskande. Kvinnan berättade om sin egen midsommartradition, om hur hennes familj brukade samla sig vid en gammal ek i en annan del av landet. Erik lyssnade och kände hur en ny vänskap växte fram.

När natten blev allt mörkare, reste sig de två och började gå tillbaka mot byn. Erik kände att han hade fått något oväntat denna midsommar. Han hade inte bara hedrat minnet av Elin, utan också funnit en ny vän som hade delat en del av natten med honom.

När de kom till byn, såg Erik hur midsommarstången fortfarande var full av liv och rörelse. Han och kvinnan sa adjö och Erik återvände till sitt hem. Denna midsommarnatt, med all sin tystnad och magi, hade blivit något speciellt. Han kände att han hade fått ett avslut på ett kapitel i sitt liv och att något nytt var på väg att börja.

Erik gick till sitt rum och lade sig ned. Han såg ut genom fönstret, där stjärnorna fortfarande blinkade över den stilla landsbygden. Han kände sig inte längre ensam. Midsommarnattens tystnad hade gett honom en ny förståelse för livets cykel, och med det kom en känsla av frid.

48

The Silence of Midsummer Night

It was Midsummer night in Sweden, and the world seemed on the edge of magic. The sun had barely begun to set when Erik, an old man with gray hair and worn clothes, walked through a glittering field in Skåne. He carried an old, tattered basket that had been with him through many Midsummers. He had lived his whole life in the village, but this Midsummer would be different.

Erik stopped by an old oak tree that had witnessed many seasons pass. It was a place he used to visit to think, but today was special. He remembered a Midsummer from his youth, when he and his then beloved, Elin, had danced around the Midsummer pole. Elin had been beautiful as a flower, and their laughter had filled the air with joy. But time had passed, and now she was gone. Erik hadn't danced since that night. He hadn't really felt like celebrating, for without Elin, Midsummer was just a reminder of what had been.

But this year, he felt something was different. He had felt a pull to the field, as if it was calling to him. There was something in the way the light reflected off the flowers and the soft rustle of the wind that made him feel he couldn't let this Midsummer go unnoticed.

Erik sat down under the oak and began to pick flowers. It was an old tradition he used to share with Elin, making a wreath of wildflowers to place on the Midsummer pole. Now it was just him, and the wreath would be in memory of her. He carefully picked flowers and tied them together with an old rope he had found in his shed.

When the wreath was finished, Erik stood up and walked toward the village. It was a quiet night, and there was something almost magical in the still atmosphere. He passed farms decorated with flowers and lights, and people dancing and singing around the Midsummer pole. But Erik kept walking, for he had another place in mind.

At the edge of the field, where the stars began to light up the sky, he sat down again and placed the wreath on the ground. He lay down on the soft grass and looked up at the starry sky. It was a place he and Elin had loved to visit together, a place where they could talk about everything and nothing. Now it was just him and the silent stars.

Erik felt a gentle breeze sweep over the field and was reminded of the times he had shared with Elin. It was as if her presence was there, in the wind and the light from the stars. He had never thought he would feel this again, but now he felt a kind of peace he hadn't felt in a long time. The silence of Midsummer night was like a balm for his soul.

Suddenly, he heard a faint sound behind him. He turned and saw a young woman approaching, dressed in a simple Midsummer dress. She wore a wreath in her hair and looked at him with a friendly gaze.

"I saw you from the village," she said. "What are you doing here alone on Midsummer night?"

Erik stood up and greeted her. "I just wanted to remember," he replied. "My Elin loved celebrating Midsummer here. I thought I would honor her memory."

The woman nodded understandingly and sat down beside him. "I understand. Midsummer can be a time for memories, both joyful and sad."

They sat in silence for a while, listening to the night's sounds and the whispering stars. The woman shared her own Midsummer tradition, how her family used to gather at an old oak tree in another part of the country. Erik listened and felt a new friendship growing.

As the night grew darker, the two of them stood up and started walking back toward the village. Erik felt that he had received something unexpected this Midsummer. He had not only honored Elin's memory but also found a new friend who had shared part of the night with him.

When they reached the village, Erik saw how the Midsummer pole was still full of life and activity. He and the woman said goodbye, and Erik returned to his home. This Midsummer night, with all its silence and magic, had become something special. He felt he had found closure to a chapter of his life and that something new was about to begin.

Erik went to his room and lay down. He looked out the window, where the stars were still twinkling over the quiet countryside. He no longer felt alone. The silence of Midsummer night had given him a new understanding of the cycle of life, and with it came a sense of peace.

Nattens Hemlighet i Gamla Stan

Det var en kylig kväll i oktober när Linnea promenerade genom de smala gränderna i Gamla Stan. Gatorna var nästan tomma, och de gamla gatlyktorna kastade långa skuggor över kullerstenen. Hon älskade dessa tysta kvällar när staden andades ut efter dagens hektiska tempo. Linnea var en ensam själ i en stad fylld av minnen och historier. Hon arbetade som konstnär, men på natten gick hon ofta ut för att finna inspiration bland de gamla byggnaderna och deras tysta viskningar.

Linnea stannade vid en liten bänk vid Stortorget och satte sig ner. Hon drog sin kappa tätare omkring sig och såg ut över torget, där statyerna såg ut som om de vakade över staden. Hon kunde nästan höra deras berättelser om svunna tider. Hon funderade på sin senaste målning, en skildring av Gamla Stan vid solnedgången, men hon kände att något saknades. Kanske var det därför hon var här, för att finna den saknade pusselbiten.

Medan hon satt där, hörde hon plötsligt en svag melodi. Hon lyssnade noga och insåg att det kom från en liten gata strax bortom torget. Nyfiken, reste hon sig och följde ljudet. Melodin ledde henne till en liten, undanskymd gränd som hon aldrig tidigare hade lagt märke till. Där, i skenet av en ensam lykta, stod en man och spelade fiol.

Mannen var klädd i en gammal, sliten kappa och hans ansikte var djupt fårat av ålder och erfarenheter. Men det var något i hans spelande som fångade Linneas uppmärksamhet. Melodin var sorgsen men ändå full av liv, som om den bar på hemligheter från en annan tid.

Hon stod där i skuggan och lyssnade, förlorad i musiken. När mannen slutade spela, öppnade han ögonen och såg på henne. "God kväll," sade han med en röst som var lika djup och rik som hans musik. "Jag ser att du uppskattar musiken."

Linnea nickade. "Den är vacker. Och sorgsen. Jag har aldrig hört något liknande."

Mannen log svagt. "Musik har en märklig förmåga att berätta historier som ord inte kan uttrycka. Vad för dig till denna gränd, fröken?"

"Jag letar efter inspiration," svarade Linnea. "Jag är konstnär, och jag känner att något saknas i min senaste målning."

Mannen nickade förstående. "Jag förstår. Ibland är det de osynliga trådarna som binder samman konsten och livet. Kanske kan jag hjälpa dig."

Han sträckte fram handen, och Linnea tog den tveksamt. "Kom med mig," sade han och ledde henne längre in i gränden. De gick tills de kom till en liten dörr som hon aldrig tidigare hade lagt märke till. Mannen öppnade dörren och gestikulerade för henne att gå in.

Inuti var rummet fyllt med gamla målningar, böcker och musikinstrument. Det var som om tiden hade stannat. Mannen gick fram till en hylla och tog fram en liten, dammig bok. "Denna bok innehåller historier om Gamla Stan som få känner till. Kanske kan du finna inspiration här."

Linnea tog boken och bläddrade försiktigt igenom de gulnade sidorna. Varje berättelse var fylld med detaljer om staden, dess invånare och deras livsöden. Hon kände en våg av inspiration skölja över sig. "Tack," sade hon, "det här är precis vad jag behövde."

Mannen nickade och log. "Konst och musik är själsfränder. De kompletterar varandra på sätt som få förstår. Fortsätt skapa, och låt staden tala genom dig."

Linnea tackade mannen och lämnade det lilla rummet med boken i handen. När hon kom ut på gatan igen, var staden fortfarande tyst, men hon kände att hon hade upptäckt en ny dimension av Gamla Stan. Hon skyndade hem till sin ateljé, ivrig att börja måla igen.

Natten gick snabbt när Linnea arbetade med sin målning. Hon använde inspirationen från boken och mannens musik för att skapa något nytt och levande. När solen började stiga över staden, såg hon på sin färdiga målning och kände en djup tillfredsställelse. Hon hade fångat essensen av Gamla Stan, inte bara dess yttre skönhet, utan också dess själs djup.

Månaderna gick och Linneas målning blev uppmärksammad av många. Folk talade om hur den fångade Gamla Stans själ på ett sätt som ingen annan konstnär hade gjort. Hon visste att det var tack vare den mystiska mannen och hans musik, och boken som hade öppnat en ny värld för henne.

Varje gång hon gick genom Gamla Stan, kände hon en djupare koppling till staden. Hon visste att dess hemligheter var många, och att hon bara hade skrapat på ytan. Men hon var tacksam för den nattens möte, som hade gett henne en ny förståelse och en djupare kärlek till sitt arbete.

Linnea fortsatte att måla, och hennes verk fortsatte att inspirera andra. Och varje gång hon hörde en fiol i fjärran, mindes hon mannen i gränden och hans gåva av musik och historier. Gamla Stan var inte längre bara en plats för henne; det var en levande, andande del av hennes konst och hennes liv.

The Night's Secret in Gamla Stan

It was a chilly evening in October when Linnea walked through the narrow alleys of Gamla Stan. The streets were almost empty, and the old street lamps cast long shadows over the cobblestones. She loved these quiet evenings when the city exhaled after the day's hectic pace. Linnea was a solitary soul in a city filled with memories and stories. She worked as an artist, but at night she often went out to find inspiration among the old buildings and their silent whispers.

Linnea stopped at a small bench in Stortorget and sat down. She pulled her coat tighter around her and looked out over the square, where the statues seemed to watch over the city. She could almost hear their stories of bygone times. She thought about her latest painting, a depiction of Gamla Stan at sunset, but she felt something was missing. Maybe that was why she was here, to find the missing piece.

As she sat there, she suddenly heard a faint melody. She listened closely and realized it came from a small street just beyond the square. Curious, she got up and followed the sound. The melody led her to a small, hidden alley she had never noticed before. There, in the light of a single lantern, stood a man playing the violin.

The man was dressed in an old, worn coat and his face was deeply lined with age and experience. But there was something in his playing that caught Linnea's attention. The melody was sad but full of life, as if it carried secrets from another time.

She stood in the shadow and listened, lost in the music. When the man stopped playing, he opened his eyes and saw her. "Good evening," he said with a voice as deep and rich as his music. "I see you appreciate the music."

Linnea nodded. "It's beautiful. And sad. I've never heard anything like it."

The man smiled faintly. "Music has a strange ability to tell stories that words cannot express. What brings you to this alley, miss?"

"I'm looking for inspiration," Linnea replied. "I'm an artist, and I feel something is missing in my latest painting."

The man nodded understandingly. "I understand. Sometimes it's the invisible threads that bind art and life together. Maybe I can help you."

He extended his hand, and Linnea took it hesitantly. "Come with me," he said, leading her further into the alley. They walked until they reached a small door she had never noticed before. The man opened the door and gestured for her to enter.

Inside, the room was filled with old paintings, books, and musical instruments. It was as if time had stood still. The man went to a shelf and took out a small, dusty book. "This book contains stories about Gamla Stan that few people know. Maybe you can find inspiration here."

Linnea took the book and carefully flipped through the yellowed pages. Each story was filled with details about the city, its inhabitants, and their fates. She felt a wave of inspiration wash over her. "Thank you," she said, "this is exactly what I needed."

The man nodded and smiled. "Art and music are soulmates. They complement each other in ways that few understand. Keep creating, and let the city speak through you."

Linnea thanked the man and left the small room with the book in hand. When she came out onto the street again, the city was still silent, but she felt she had discovered a new dimension of Gamla Stan. She hurried home to her studio, eager to start painting again.

The night passed quickly as Linnea worked on her painting. She used the inspiration from the book and the man's music to create something new and vibrant. As the sun began to rise over the city, she looked at her finished painting and felt a deep satisfaction. She had captured the essence of Gamla Stan, not just its outer beauty, but also its soul's depth.

Months passed, and Linnea's painting gained the attention of many. People talked about how it captured Gamla Stan's soul in a way no other artist had done. She knew it was thanks to the mysterious man and his music, and the book that had opened a new world for her.

Every time she walked through Gamla Stan, she felt a deeper connection to the city. She knew its secrets were many, and that she had only scratched the surface. But she was grateful for that night's encounter, which had given her a new understanding and a deeper love for her work.

Linnea continued to paint, and her works continued to inspire others. And every time she heard a violin in the distance, she remembered the man in the alley and his gift of music and stories. Gamla Stan was no longer just a place for her; it was a living, breathing part of her art and her life.